GUIDE DU DÉBUTANT POUR INVESTIR POUR LES ADOS

Guide de littératie financière et de création de patrimoine précoce

Mildred M. Choate

Droits d'auteur © 2024 par Mildred M. Choate. Tous droits réservés. Ce livre ou toute partie de celui-ci ne peut être reproduit ou utilisé de quelque manière que ce soit sans l'autorisation écrite expresse de l'éditeur, à l'exception de l'utilisation de brèves citations dans une critique de livre.

TABLE DES MATIÈRES

Table des matières 3

Introduction 8

1. Bienvenue sur Investir pour les adolescents 9

    Le pouvoir de l'investissement précoce.....9

    Pourquoi ce livre ? 12

Partie I : Fondements de l'investissement ...16

2. Qu'est-ce qu'investir ? 17

    Définition et bases 17

    Pourquoi investir tôt ? 22

3. Fixer des objectifs financiers 27

    Objectifs à court terme et à long terme....27

    Cadre d'objectifs SMART......................31

4. Comprendre l'argent et l'épargne 37

Bases de la budgétisation 37

Construire un fonds d'urgence 42

5. La magie des intérêts composés 49

Comment fonctionnent les intérêts composés 49

Exemples 54

Partie II : Commencer à investir 59

6. Différents types d'investissements 60

Actions, obligations et fonds communs de placement 60

Fonds négociés en bourse (FNB) 66

Immobilier et plus 72

7. Comment choisir vos investissements 80

Tolérance au risque et diversification 80

Stratégies d'investissement pour les adolescents 85

8. Ouverture de votre premier compte d'investissement 90

    Types de comptes (courtage, Roth IRA, etc.) 90

    Guide étape par étape pour la configuration 95

Partie III : Investir en bourse 100

9. Comprendre le marché boursier 101

    Comment fonctionnent les actions 101

    Termes et concepts clés 104

10. Comment acheter et vendre des actions 108

    Plateformes de trading pour adolescents 108

    Placer votre première transaction 111

11. Lecture des graphiques boursiers et des tendances du marché 116

    Bases de l'analyse technique 116

Interpréter l'actualité du marché 120

Partie IV : Stratégies d'investissement avancées 126

12. Diversification et allocation d'actifs 127

    Équilibrer votre portefeuille 127

    Réduire les risques grâce à la diversification 132

13. Comprendre les fonds communs de placement et les ETF 137

    Avantages et inconvénients 137

    Comment investir dans des fonds 143

14. Introduction à la crypto-monnaie 149

    Qu'est-ce que la crypto-monnaie ? 149

    Risques et opportunités 151

Partie V : Construire de bonnes habitudes financières 158

15. Élaborer un plan d'investissement à long terme 159

    Fixer des jalons 160

    Réviser et ajuster votre plan 162

16. Rester informé et éduqué 169

    Ressources pour l'apprentissage continu 169

    Suivre les tendances du marché 173

Partie VI : Applications concrètes et études de cas 177

17. Créer de la richesse : le point de vue d'un adolescent 178

    Conseils pratiques des pairs 179

    Équilibrer l'investissement avec l'école et la vie 182

INTRODUCTION

1. BIENVENUE SUR INVESTIR POUR LES ADOLESCENTS

LE POUVOIR DE L'INVESTISSEMENT PRÉCOCE

Investir dès le plus jeune âge peut être l'une des décisions financières les plus importantes que vous puissiez prendre. Voici pourquoi il est important d'investir tôt :

Magie de la composition : investir tôt permet à votre argent de bénéficier de la composition. La composition est le processus par lequel vos revenus de placement génèrent des revenus supplémentaires au fil du temps. Plus vous commencez tôt à investir, plus vos investissements doivent croître de façon exponentielle pendant longtemps.

Potentiel de croissance à long terme : Le temps joue en votre faveur lorsque vous investissez tôt. Même de petits montants investis régulièrement peuvent croître considérablement sur plusieurs décennies en raison de la capitalisation. Cela peut vous aider à atteindre des objectifs financiers à long terme, comme acheter une maison, financer des études ou prendre une retraite confortable.

Apprendre par la pratique : Commencer à investir tôt vous donne une expérience pratique précieuse dans la gestion de l'argent et la compréhension des marchés financiers. Il vous permet d'apprendre à la fois de vos réussites et de vos erreurs, en développant des compétences financières essentielles qui vous seront utiles tout au long de votre vie.

Développer une discipline financière : L'investissement précoce encourage des habitudes disciplinées d'épargne et d'investissement. Il inculque un sentiment de responsabilité et de prévoyance dans la gestion financière, établissant ainsi une base solide pour la réussite financière future.

Tirer parti du risque : Bien qu'investir comporte des risques, commencer tôt vous permet de prendre plus de risques et potentiellement d'obtenir des rendements plus élevés. Sur le long terme, les hauts et les bas du marché ont tendance à s'équilibrer, offrant un équilibre risque-récompense favorable aux investisseurs patients.

Investir pour les adolescents vise à vous donner les connaissances et les outils nécessaires pour commencer tôt votre parcours d'investissement et bâtir un avenir financier solide. Profitez du pouvoir de l'investissement précoce et préparez-vous à l'indépendance et à la sécurité financières dans les années à venir.

POURQUOI CE LIVRE ?

Investir pour les adolescents n'est pas un simple livre sur la finance : c'est votre porte d'entrée pour comprendre et maîtriser le monde de l'investissement dès le plus jeune âge. Voici pourquoi ce livre est essentiel pour vous :

Conçu pour les adolescents : ce livre est spécialement conçu pour les adolescents comme vous qui souhaitent en savoir plus sur la gestion financière, les principes d'investissement et la création de patrimoine. Il décompose les concepts financiers complexes dans un langage facile à comprendre, vous garantissant ainsi de saisir les idées fondamentales sans confusion.

Autonomisation grâce à la connaissance : La littératie financière est une compétence essentielle qui manque à de nombreux jeunes. Investir pour les adolescents vous permet d'acquérir des connaissances pratiques pour prendre des décisions éclairées concernant l'argent, les investissements et la planification de votre avenir. Il vous donne les outils nécessaires pour naviguer en toute confiance dans le paysage financier.

Conseils pratiques : Que vous débutiez dans l'investissement ou que vous cherchiez à approfondir vos connaissances, ce livre fournit des conseils pratiques sur la définition d'objectifs financiers, le choix des investissements, la compréhension des risques et bien plus encore. Il comprend des exemples concrets, des activités et des stratégies que vous pouvez appliquer immédiatement pour commencer à créer de la richesse.

Préparer l'avenir : investir tôt ouvre la voie à une réussite financière à long terme. En apprenant ces principes dès maintenant, vous posez des bases qui vous seront utiles pour les années à venir. Ce livre vous encourage à commencer tôt, à exploiter le pouvoir de la capitalisation et à prendre le contrôle de votre destinée financière.

Inspiration et motivation : grâce à des histoires inspirantes de jeunes investisseurs et à des conseils pratiques de vos pairs, Investing for Teens vous motive à passer à l'action et à commencer votre parcours d'investissement dès aujourd'hui. Cela vous montre que l'indépendance et la sécurité financières sont des objectifs réalisables avec les connaissances et le bon état d'esprit.

Investissez dans votre avenir en investissant dans votre éducation financière. Investir pour les adolescents est votre guide complet pour maîtriser l'art de l'investissement et vous préparer à une vie financièrement réussie.

PARTIE I : FONDEMENTS DE L'INVESTISSEMENT

2. QU'EST-CE QU'INVESTIR ?

DÉFINITION ET BASES

Investir est l'acte d'engager de l'argent ou du capital dans une entreprise dans l'espoir d'obtenir un revenu ou un profit supplémentaire. Cela implique l'achat d'actifs dont vous pensez que la valeur augmentera au fil du temps, générant des rendements sous forme de dividendes, d'intérêts ou de gains en capital. Voici une exploration de la définition et des bases de l'investissement :

Définition et bases

L'investissement consiste à déployer des fonds dans divers actifs ou titres dans le but principal de générer des rendements. Les aspects clés comprennent :

Objectif : L'investissement est motivé par l'objectif d'accroître la richesse ou d'atteindre des objectifs financiers spécifiques, tels que le financement de l'éducation, la planification de la retraite ou la constitution d'un pécule.

Types d'actifs : les investissements peuvent couvrir un large éventail de classes d'actifs, notamment :

Actions : Propriété d'une entreprise, avec potentiel d'appréciation du capital et de dividendes.

Obligations : Titres de créance émis par des gouvernements ou des sociétés, assurant des paiements réguliers d'intérêts et le remboursement du principal.

Fonds communs de placement et ETF : fonds communs qui investissent dans des portefeuilles diversifiés d'actions, d'obligations ou d'autres actifs, offrant une exposition plus large et une gestion professionnelle.

Risque et rendement : les investissements comportent différents degrés de risque et de rendement potentiel. En règle générale, les investissements à plus haut risque peuvent offrir des rendements potentiels plus élevés, mais présentent également des risques de perte plus importants.

Horizon temporel : la durée pendant laquelle vous prévoyez de détenir des investissements affecte la stratégie et la tolérance au risque. Des horizons temporels plus longs permettent des approches d'investissement plus agressives et une composition potentielle des rendements.

Diversification : La répartition des investissements entre différentes classes d'actifs et secteurs permet de gérer le risque en réduisant l'exposition à un seul actif ou segment de marché.

Pourquoi comprendre l'investissement est important

Indépendance financière : investir judicieusement peut conduire à l'indépendance et à la sécurité financières, vous permettant d'atteindre vos objectifs à long terme et de faire face aux incertitudes économiques.

Couverture contre l'inflation : les investissements dépassent souvent l'inflation, préservant ainsi le pouvoir d'achat au fil du temps.

Création de richesse : À long terme, un investissement discipliné peut créer de la richesse grâce à une croissance composée et à une allocation d'actifs stratégique.

Comprendre les principes fondamentaux de l'investissement est essentiel pour prendre des décisions éclairées, gérer les risques et optimiser les rendements. Investing for Teens vous guide à travers ces principes fondamentaux, vous dotant des connaissances et des compétences nécessaires pour vous lancer dans votre parcours d'investissement avec confiance et clarté.

POURQUOI INVESTIR TÔT ?

Investir tôt dans la vie offre de nombreux avantages qui peuvent avoir un impact significatif sur votre avenir financier. Voici des raisons impérieuses pour lesquelles commencer à investir tôt est bénéfique :

Exploiter le pouvoir de la capitalisation : Plus vous commencez à investir tôt, plus votre argent doit croître longtemps grâce à la capitalisation. La capitalisation permet aux retours sur investissement de générer des bénéfices, qui sont réinvestis pour générer encore plus de bénéfices au fil du temps. Cette croissance exponentielle peut conduire à une accumulation substantielle de richesses à long terme.

Horizon temporel plus long : Commencer tôt vous offre un horizon temporel d'investissement plus long. Cette période prolongée vous permet de faire face aux fluctuations du marché à court terme et de bénéficier de la tendance globale à la hausse du marché. Il vous permet également d'effectuer des investissements potentiellement plus risqués et à rendement plus élevé, qui peuvent croître considérablement au fil des décennies.

Développer la discipline financière : investir tôt inculque la discipline financière et des habitudes de gestion financière responsable dès le plus jeune âge. Il encourage l'épargne et l'investissement réguliers, qui sont des habitudes essentielles pour atteindre les objectifs financiers et maintenir la stabilité financière tout au long de la vie.

Maximiser les rendements : les premiers investissements ont plus de temps pour se remettre des ralentissements du marché et capitaliser sur les hausses du marché. En restant investi sur le long terme, vous pouvez atténuer la volatilité et potentiellement obtenir des rendements moyens plus élevés que ceux qui tardent à investir.

Atteindre vos objectifs financiers : En investissant tôt, vous êtes sur la bonne voie pour atteindre vos objectifs financiers plus tôt. Qu'il s'agisse d'épargner pour l'université, d'acheter une maison ou de constituer un pécule de retraite, commencer tôt vous permet d'accumuler les fonds nécessaires au fil du temps, réduisant ainsi le fardeau financier à l'avenir.

Profiter de la jeunesse : En tant que jeune investisseur, vous bénéficiez du temps et de la flexibilité. Vous pouvez vous permettre de prendre plus de risques et de vous remettre d'éventuels revers. Commencer tôt vous permet également de tirer des leçons de vos expériences d'investissement et d'adapter votre stratégie en conséquence.

Vaincre l'inflation : investir tôt vous aide à combattre l'inflation en générant des rendements supérieurs au taux d'inflation. Cela garantit que votre pouvoir d'achat et votre niveau de vie sont préservés dans le temps.

Investir pour les adolescents vous encourage à saisir l'opportunité d'investir tôt. En comprenant ces avantages et en commençant votre parcours d'investissement dès maintenant, vous pouvez jeter des bases solides pour une réussite et une sécurité financières à long terme.

3. FIXER DES OBJECTIFS FINANCIERS

OBJECTIFS À COURT TERME ET À LONG TERME

Fixer des objectifs financiers est crucial pour une gestion efficace de l'argent et atteindre l'indépendance financière. Voici comment faire la différence entre les objectifs à court terme et à long terme :

Objectifs à court terme

Les objectifs financiers à court terme s'étendent généralement sur un an. Ils se concentrent sur les besoins et priorités immédiats, tels que :

Fonds d'urgence : Constituer un fonds pour couvrir les dépenses imprévues comme les réparations automobiles ou les frais médicaux.

Économiser pour un achat : Économiser pour un nouveau gadget, des vacances ou un événement spécial.

Rembourser la dette : effacer les soldes de cartes de crédit ou les prêts étudiants pour réduire les paiements d'intérêts.

Les objectifs à court terme sont concrets et nécessitent généralement des sommes d'argent relativement modestes. Ils contribuent à créer une stabilité financière et à réduire le stress financier actuel.

Objectifs à long terme

Les objectifs financiers à long terme s'étendent sur plus d'un an et s'étendent souvent sur des décennies. Ils se concentrent sur la réalisation d'étapes importantes et la garantie du bien-être financier futur, tels que :

Planification de la retraite : se constituer un pécule de retraite pour maintenir un style de vie confortable après avoir pris sa retraite du travail.

Financement des études : Épargnez pour les dépenses d'études supérieures pour vous-même ou vos enfants.

Accession à la propriété : Accumulation de fonds pour un acompte sur une maison ou un investissement immobilier.

Les objectifs à long terme nécessitent une épargne et un investissement constants sur une période prolongée. Ils impliquent généralement des sommes d'argent plus importantes et nécessitent une planification et une stratégie minutieuses pour être réalisés.

Importance de l'établissement d'objectifs

Clarté et concentration : Fixer des objectifs financiers spécifiques aide à clarifier vos priorités et à concentrer vos efforts sur leur réalisation.

Motivation : les objectifs fournissent une motivation pour épargner et investir régulièrement, surtout lorsque les progrès vers leur réalisation sont suivis.

Planification financière : l'établissement d'objectifs constitue la base d'un plan financier complet, guidant les décisions en matière de budgétisation, d'épargne et d'investissement.

Comprendre la distinction entre les objectifs à court terme et à long terme vous permet de prioriser vos objectifs financiers et d'allouer efficacement les ressources. En fixant des objectifs clairs et réalisables, vous pouvez ouvrir la voie à la réussite financière et vous assurer que votre argent fonctionne pour vous, dans le présent et dans le futur.

CADRE D'OBJECTIFS SMART

Fixer des objectifs à l'aide du cadre SMART fournit une approche structurée pour atteindre la réussite financière. SMART signifie spécifique, mesurable, réalisable, pertinent et limité dans le temps. Voici comment vous pouvez appliquer les critères SMART pour définir des objectifs financiers efficaces :

Spécifique

Rendez vos objectifs financiers clairs et précis. Définissez exactement ce que vous souhaitez accomplir, y compris le montant d'argent impliqué, le calendrier et l'objectif. Par exemple:

Objectif spécifique : Économisez 5 000 $ au cours des 12 prochains mois pour un acompte sur une voiture.

Mesurable

Assurez-vous que vos objectifs sont quantifiables et mesurables. Cela vous permet de suivre vos progrès et de savoir quand vous avez atteint votre objectif. Utilisez des chiffres ou des jalons pour mesurer le succès.

Par exemple:

Objectif mesurable : Économisez 400 $ par mois pour atteindre l'objectif de 5 000 $ en 12 mois.

Réalisable

Fixez-vous des objectifs réalistes et réalisables en fonction de votre situation financière actuelle, de vos ressources et de votre calendrier. Tenez compte de facteurs tels que les revenus, les dépenses et tout autre engagement financier. Par exemple:

Objectif réalisable : Économisez 400 $ par mois en réduisant les dépenses discrétionnaires et en allouant un revenu supplémentaire provenant d'un emploi à temps partiel.

Pertinent

Assurez-vous que vos objectifs financiers correspondent à votre plan financier global et à vos objectifs à long terme. Les objectifs doivent être pertinents par rapport à vos valeurs et aspirations personnelles. Par exemple:

Objectif pertinent : Épargner pour une voiture correspond à mes besoins de transport et soutient mes aspirations professionnelles.

Limité dans le temps

Fixez un délai précis pour atteindre vos objectifs. Cela crée une urgence et vous aide à rester concentré sur la réalisation de vos objectifs dans un délai défini. Par exemple:

Objectif limité dans le temps : Économisez 5 000 $ pour un acompte de voiture au cours des 12 prochains mois.

Avantages de l'utilisation du framework SMART

Clarté et concentration : des objectifs clairement définis fournissent une orientation et concentrent vos efforts sur ce qui est le plus important.

Motivation : des objectifs et des délais mesurables créent la motivation pour rester sur la bonne voie et atteindre des jalons.

Responsabilité : les objectifs SMART vous tiennent responsable de vos progrès, vous permettant d'ajuster les stratégies si nécessaire pour atteindre vos objectifs.

En appliquant le cadre SMART à vos objectifs financiers, vous pouvez planifier, gérer et réaliser efficacement vos aspirations.

Investir pour les adolescents souligne l'importance de fixer des objectifs SMART pour renforcer la discipline financière et ouvrir la voie à un avenir financier sûr.

4. COMPRENDRE L'ARGENT ET L'ÉPARGNE

BASES DE LA BUDGÉTISATION

La budgétisation est une compétence financière fondamentale qui constitue la pierre angulaire d'une gestion efficace de l'argent. Cela implique de créer un plan sur la façon dont vous dépenserez et économiserez votre argent. Voici un aperçu des bases de la budgétisation :

Qu'est-ce qu'un Budget ?

Un budget est un plan financier qui décrit vos revenus et dépenses sur une période spécifique, généralement mensuelle. Il vous aide à consacrer votre argent à vos besoins essentiels, à vos objectifs d'épargne et à vos dépenses discrétionnaires tout en vous assurant de vivre selon vos moyens.

Pourquoi la budgétisation est importante

Conscience financière : la budgétisation vous donne une idée claire de la destination de votre argent et vous aide à suivre vos habitudes de dépenses. Il favorise la pleine conscience des décisions financières et évite les dépenses excessives.

Atteindre vos objectifs financiers : en priorisant l'épargne et en allouant des fonds à des objectifs spécifiques, comme constituer un fonds d'urgence ou épargner pour un achat important, la budgétisation vous aide à atteindre des objectifs financiers.

Gestion de la dette : la budgétisation vous permet d'allouer des fonds à des stratégies de remboursement de la dette, vous aidant ainsi à réduire votre dette au fil du temps et à améliorer votre santé financière globale.

Préparation aux situations d'urgence : Avoir un budget vous permet de mettre de côté des fonds pour les dépenses imprévues, garantissant ainsi la mise en place d'un filet de sécurité financière.

Comment créer un budget

Calculez votre revenu : commencez par identifier toutes les sources de revenus, y compris les salaires, les allocations ou toute autre source d'argent entrant chaque mois.

Listez vos dépenses : suivez vos dépenses en les classant en dépenses fixes (par exemple, loyer, services publics) et dépenses variables (par exemple, épicerie, divertissement). Incluez les économies comme catégorie de dépenses.

Fixez des priorités : consacrez d'abord vos revenus à couvrir les dépenses essentielles, suivis de l'épargne et des dépenses discrétionnaires. Ajustez vos habitudes de dépenses pour les aligner sur vos objectifs financiers.

Surveillez et ajustez : examinez régulièrement votre budget pour suivre vos progrès et apporter les ajustements nécessaires. Soyez flexible et adaptable aux changements de revenus ou de dépenses.

Avantages de la budgétisation

Contrôle financier : la budgétisation vous donne le contrôle de vos finances, vous permettant de prendre des décisions éclairées concernant les dépenses et l'épargne.

Atteinte des objectifs : il vous aide à prioriser et à atteindre vos objectifs financiers à court et à long terme, comme épargner pour l'université ou la retraite.

Réduction du stress : Savoir où va votre argent et avoir un plan en place réduit le stress financier et favorise la tranquillité d'esprit.

La budgétisation est une compétence fondamentale qui prépare le terrain pour une gestion financière et une création de patrimoine réussies. En maîtrisant les bases de la budgétisation, vous pouvez établir une base financière solide et prendre des décisions financières éclairées tout au long de votre vie.

CONSTRUIRE UN FONDS D'URGENCE

Un fonds d'urgence est un élément crucial de la planification financière qui fournit un filet de sécurité en cas de dépenses imprévues ou de difficultés financières. Voici un guide complet pour créer et maintenir un fonds d'urgence :

Qu'est-ce qu'un fonds d'urgence ?

Un fonds d'urgence est un compte d'épargne dédié mis de côté pour couvrir des urgences financières inattendues ou des dépenses imprévues. Ceux-ci peuvent inclure :

Urgences médicales : factures ou dépenses médicales inattendues non couvertes par l'assurance.

Perte d'emploi : Remplacement du revenu pendant les périodes de chômage ou de perte d'emploi inattendue.

Réparations automobiles ou résidentielles : Réparations majeures ou remplacements d'actifs essentiels.

Pourquoi créer un fonds d'urgence ?

Sécurité financière : Un fonds d'urgence offre une sécurité financière et une tranquillité d'esprit, sachant que vous disposez de fonds pour faire face aux dépenses imprévues sans avoir recours aux cartes de crédit ou aux prêts.

Éviter les dettes : disposer d'un fonds d'urgence réduit le besoin d'emprunter de l'argent à des taux d'intérêt élevés pour couvrir des dépenses imprévues, vous aidant ainsi à maintenir votre indépendance financière.

Flexibilité et stabilité : Il offre une flexibilité dans la gestion de vos finances en période d'incertitude, comme un ralentissement économique ou une crise personnelle.

Combien devriez-vous économiser ?

Les experts financiers recommandent généralement d'économiser trois à six mois de frais de subsistance dans votre fonds d'urgence. Cependant, le montant approprié peut varier en fonction des circonstances individuelles, telles que la stabilité du revenu, la taille de la famille et la sécurité d'emploi.

Conseils pour constituer un fonds d'urgence

Commencez petit : commencez par fixer des objectifs d'épargne réalisables, comme économiser 500 $ ou 1 000 $ au départ, et augmentez progressivement jusqu'à trois à six mois de dépenses.

Automatisez vos économies : configurez chaque mois des transferts automatiques de votre chèque de paie ou de votre compte courant vers votre compte d'épargne en fonds d'urgence.

Donnez la priorité à l'épargne : traitez vos économies de fonds d'urgence comme une dépense non négociable dans votre budget, au même titre que le loyer ou les services publics.

Utilisez judicieusement les gains inattendus : dirigez les gains inattendus, tels que les remboursements d'impôts ou les bonus, vers votre fonds d'urgence pour accélérer les économies.

Maintenir votre fonds d'urgence

Examen régulier : examinez et ajustez périodiquement votre objectif d'épargne de fonds d'urgence en fonction de l'évolution de votre situation financière ou de vos frais de subsistance.

Accès aux fonds : utilisez votre fonds d'urgence uniquement en cas d'urgence réelle, et non pour des dépenses discrétionnaires ou des achats non essentiels.

Réapprovisionner selon les besoins : Si vous devez utiliser les fonds de votre fonds d'urgence, donnez la priorité à son réapprovisionnement dès que possible pour maintenir la sécurité financière.

Avantages d'un fonds d'urgence

Résilience financière : Fournit un coussin financier pour faire face aux dépenses imprévues et

urgences.

Stress réduit : soulage l'anxiété liée à l'incertitude financière et aux factures inattendues.

Indépendance financière : réduit la dépendance au crédit et à la dette, favorisant ainsi la stabilité financière à long terme.

La constitution et le maintien d'un fonds d'urgence constituent une étape essentielle vers la sécurité financière et la préparation. En donnant la priorité à l'épargne et en établissant un fonds d'urgence solide, vous pouvez protéger votre bien-être financier et relever les défis inattendus en toute confiance.

constante, vous pouvez bâtir une base financière solide et atteindre vos objectifs financiers plus efficacement.

EXEMPLES

Voici quelques scénarios pour démontrer le fonctionnement des intérêts composés :

Exemple 1 : Épargne-retraite

Imaginez que deux personnes, Alex et Beth, commencent toutes deux à investir pour leur retraite à l'âge de 25 ans. Elles cotisent chacune 5 000 $ par an à leurs comptes de retraite, qui génèrent un rendement annuel moyen de 7 %. Voici comment leur épargne-retraite augmente au fil du temps grâce aux intérêts composés :

Commencez tôt : Plus vous commencez à investir tôt, plus votre argent devra capitaliser et croître longtemps.

Cotisations constantes : Contribuez régulièrement à vos investissements pour maximiser l'effet des intérêts composés.

Réinvestir les bénéfices : réinvestissez les dividendes, les intérêts ou les gains en capital pour augmenter vos rendements au fil du temps.

Comprendre le fonctionnement des intérêts composés vous permet de prendre des décisions financières éclairées et de tirer parti de leurs avantages pour accumuler un patrimoine à long terme. En exploitant le pouvoir des intérêts composés grâce à des investissements stratégiques et à une épargne de croître de façon exponentielle au fil du temps, surtout avec un horizon d'investissement plus long.

Revenu passif : à mesure que vos investissements s'accumulent, ils génèrent un revenu passif sous forme d'intérêts, de dividendes ou de gains en capital sans nécessiter d'effort supplémentaire de votre part.

Accumulation de richesse : Commencer à investir tôt et permettre aux intérêts composés de fonctionner sur des décennies peut conduire à une accumulation significative de richesse et à une indépendance financière.

Stratégies pour maximiser les intérêts composés

Investissement initial : Vous investissez 1 000 $ dans un compte d'épargne avec un taux d'intérêt annuel de 5 %.

Année 1 : À la fin de la première année, votre investissement croît de 5 %, rapportant 50 $ d'intérêts. Le montant total de votre compte est désormais de 1 050 $.

Année 2 : La deuxième année, votre intérêt de 5 % est calculé non seulement sur les 1 000 $ initiaux mais également sur les 50 $ supplémentaires gagnés la première année. Vous gagnez 52,50 $ d'intérêts (1 050 $ * 5 %). Le montant total de votre compte est désormais de 1 102,50 $.

Avantages des intérêts composés

Croissance exponentielle : Les intérêts composés permettent à vos investissements précédentes. En termes simples, cela signifie gagner des intérêts sur les intérêts. Cet effet cumulatif accélère la croissance de vos investissements au fil du temps.

Composantes clés des intérêts composés

Capital : le montant initial investi ou déposé.

Taux d'intérêt : taux en pourcentage auquel les intérêts sont appliqués au montant principal.

Temps : La durée pendant laquelle l'argent est investi ou emprunté.

Exemple d'intérêt composé

Illustrons les intérêts composés avec un exemple :

5. LA MAGIE DES INTÉRÊTS COMPOSÉS

COMMENT FONCTIONNENT LES INTÉRÊTS COMPOSÉS

Les intérêts composés sont un concept financier puissant qui permet à votre argent de croître de façon exponentielle au fil du temps. Voici une explication claire du fonctionnement des intérêts composés et de la raison pour laquelle ils sont essentiels pour votre avenir financier :

Définition des intérêts composés

Les intérêts composés sont les intérêts calculés sur le principal initial ainsi que sur les intérêts accumulés des périodes

Alex : Commence à investir à 25 ans et continue jusqu'à 65 ans. Au moment où Alex atteint l'âge de la retraite, la croissance composée de ses investissements se traduit par un fonds de retraite substantiel.

Beth : Retarde ses investissements jusqu'à l'âge de 35 ans et cotise le même montant chaque année jusqu'à l'âge de 65 ans. Même si elle cotise le même montant qu'Alex, le fonds de retraite de Beth est considérablement plus petit en raison du temps plus court dont ses investissements ont bénéficié.

Exemple 2 : Épargne pour les études collégiales

Prenons l'exemple d'un parent, Sarah, qui commence à épargner pour les études universitaires de son enfant dès la naissance de celui-ci. Sarah investit 2 000 $ par an dans un compte d'épargne universitaire avec un rendement annuel moyen de 6 %. Au moment où son enfant atteint l'âge de 18 ans et est prêt à entrer à l'université, l'investissement a considérablement augmenté grâce aux intérêts composés.

Exemple 3 : Croissance du portefeuille d'investissement

Un investisseur, John, commence par un investissement initial de 10 000 $ dans un portefeuille diversifié d'actions et d'obligations. Au cours des 20 prochaines années, le portefeuille générera un rendement annuel moyen de 8 %. L'investissement initial augmente considérablement grâce au pouvoir des intérêts composés, démontrant les avantages à long terme de l'investissement stratégique.

Avantages des exemples concrets

Visualisation : Des exemples concrets rendent le concept d'intérêt composé tangible et plus facile à appréhender.

Motivation : Voir la croissance potentielle des investissements au fil du temps encourage les individus à commencer à investir tôt et de manière cohérente.

Planification à long terme : des exemples concrets soulignent l'importance de la planification à long terme et l'impact du temps sur la croissance des investissements.

Des exemples concrets d'intérêts composés illustrent leur potentiel à améliorer considérablement l'accumulation de richesse au fil du temps. En commençant à investir tôt, en versant des cotisations constantes et en permettant aux investissements de s'accumuler sur le long terme, les individus peuvent atteindre leurs objectifs financiers, tels que l'épargne-retraite, le financement des études et l'accumulation de patrimoine. Comprendre et exploiter les intérêts composés est essentiel pour bâtir un avenir financier sûr et réussir financièrement à long terme.

PARTIE II : COMMENCER À INVESTIR

6. DIFFÉRENTS TYPES D'INVESTISSEMENTS

ACTIONS, OBLIGATIONS ET FONDS COMMUNS DE PLACEMENT

6 différents types d'investissements

L'investissement offre une variété de classes d'actifs, chacune avec ses propres caractéristiques et rendements potentiels. Comprendre ces types d'investissements est crucial pour construire un portefeuille diversifié. Voici un aperçu de trois types principaux :

Actions, obligations et fonds communs de placement

Actions

Définition : Les actions représentent la propriété dans un entreprise. Lorsque vous achetez des actions, vous devenez actionnaire et participez aux bénéfices et aux pertes de l'entreprise.

Risque et rendement : les actions offrent généralement des rendements potentiels plus élevés, mais comportent un risque plus élevé en raison de la volatilité du marché. Ils peuvent générer des revenus sous forme de dividendes et de gains en capital si le cours des actions augmente.

Stratégie d'investissement : les investisseurs achètent souvent des actions en fonction des performances de l'entreprise, des tendances du secteur et de leur potentiel de croissance.

Les investisseurs à long terme peuvent détenir des actions pour bénéficier des rendements composés et de l'appréciation du marché.

Obligations

Définition : Les obligations sont des titres de créance émis par des États ou des entreprises pour lever des capitaux. Lorsque vous achetez des obligations, vous prêtez de l'argent à l'émetteur en échange de paiements d'intérêts périodiques et du remboursement du principal à l'échéance.

Risque et rendement : les obligations sont généralement considérées comme des investissements à moindre risque par rapport aux actions. Ils offrent des rendements à revenu fixe grâce à des paiements d'intérêts réguliers et au remboursement du capital à l'échéance.

Stratégie d'investissement : les investisseurs choisissent les obligations en fonction de la qualité du crédit, des taux d'intérêt et des dates d'échéance. Les obligations peuvent apporter stabilité et génération de revenus au sein d'un portefeuille d'investissement.

Fonds communs de placement

Définition : Les fonds communs de placement mettent en commun l'argent de plusieurs investisseurs pour investir dans un portefeuille diversifié d'actions, d'obligations ou d'autres actifs gérés par des gestionnaires de fonds professionnels.

Risque et rendement : les fonds communs de placement offrent une diversification sur plusieurs titres, réduisant ainsi le risque d'investissement individuel. Ils offrent des rendements potentiels grâce à l'appréciation du capital et aux distributions de revenus (dividendes ou intérêts).

Stratégie d'investissement : Les investisseurs sélectionnent les fonds communs de placement en fonction de leurs objectifs d'investissement, de leur tolérance au risque et des objectifs du fonds (par exemple, croissance, revenu, équilibré). Les fonds communs de placement conviennent aux investisseurs qui recherchent une gestion professionnelle et une diversification.

Considérations pour les investisseurs

Tolérance au risque : Comprendre votre tolérance au risque permet de déterminer la combinaison d'actions, d'obligations et de fonds communs de placement qui correspond à vos objectifs financiers et à votre niveau de confort.

Diversification : Construire un portefeuille diversifié entre les classes d'actifs peut atténuer les risques et optimiser les rendements potentiels au fil du temps.

Horizon d'investissement : votre horizon temporel d'investissement (court terme ou long terme) influence l'allocation d'actifs et la sélection de la stratégie d'investissement.

Les actions, les obligations et les fonds communs de placement sont des investissements fondamentaux qui offrent des caractéristiques et des avantages distincts. En comprenant ces types d'investissements et leurs rôles dans un portefeuille, vous pouvez élaborer une stratégie d'investissement équilibrée et diversifiée adaptée à vos objectifs financiers, votre tolérance au risque et votre horizon d'investissement. Investir pour les adolescents vous guide tout au long du processus de sélection et de gestion efficace des investissements pour atteindre une réussite financière à long terme.

FONDS NÉGOCIÉS EN BOURSE (FNB)

Les fonds négociés en bourse (ETF) ont gagné en popularité auprès des investisseurs en raison de leurs caractéristiques et avantages uniques. Voici un aperçu complet des ETF :

Définition des ETF

Structure : Les ETF sont des fonds d'investissement négociés en bourse, à l'image des actions. Ils détiennent des actifs tels que des actions, des obligations, des matières premières ou une combinaison de ceux-ci.

Propriété : Lorsque vous investissez dans un ETF, vous possédez des actions du fonds, qui représentent une participation proportionnelle dans les actifs sous-jacents détenus par l'ETF.

Principales caractéristiques des ETF

Diversification : Les ETF offrent une diversification instantanée en détenant un panier de titres au sein d'un seul fonds. Cette diversification permet de répartir le risque sur plusieurs actifs.

Liquidité : les actions ETF peuvent être achetées et vendues tout au long de la journée de bourse en bourse, offrant liquidité et flexibilité aux investisseurs.

Faibles coûts : les ETF ont généralement des ratios de frais inférieurs à ceux des fonds communs de placement, ce qui en fait des options d'investissement rentables pour les investisseurs à long terme.

Transparence : les ETF divulguent quotidiennement leurs avoirs, permettant aux investisseurs de voir les actifs détenus dans le fonds et de prendre des décisions d'investissement éclairées.

Types d'ETF

ETF d'actions : ces ETF investissent dans des actions de sociétés au sein d'un indice de marché spécifique (par exemple, le S&P 500), d'un secteur (par exemple, la technologie) ou d'une région géographique (par exemple, les marchés émergents).

ETF obligataires : Les ETF obligataires investissent dans des titres à revenu fixe tels que des obligations d'État, des obligations d'entreprises ou des obligations municipales. Ils fournissent des revenus grâce au paiement d'intérêts.

ETF sur matières premières : ces ETF suivent les mouvements des prix des matières premières comme l'or, l'argent, le pétrole ou les produits agricoles. Ils offrent une exposition aux marchés des matières premières sans posséder d'actifs physiques.

ETF sectoriels et industriels : les ETF sectoriels se concentrent sur des secteurs spécifiques de l'économie (par exemple, la santé, l'énergie) ou des industries (par exemple, la technologie, les services financiers).

Avantages des ETF

Diversification : les ETF offrent une large diversification au sein d'un seul investissement, réduisant ainsi le risque lié aux actions ou aux secteurs.

Accessibilité : les ETF peuvent être négociés comme des actions, ce qui les rend accessibles aux investisseurs individuels via des comptes de courtage.

Rentabilité : des ratios de dépenses inférieurs à ceux des fonds communs de placement réduisent les coûts d'investissement au fil du temps, améliorant ainsi les rendements globaux.

Considérations pour les investisseurs

Profil de risque : comprenez le risque associé aux actifs sous-jacents détenus par l'ETF et assurez-vous qu'il correspond à votre tolérance au risque.

Objectifs d'investissement : choisissez des ETF qui correspondent à vos objectifs d'investissement, qu'il s'agisse de croissance à long terme, de génération de revenus ou d'exposition sectorielle spécifique.

Erreur de suivi : évaluez la capacité de l'ETF à suivre avec précision son indice ou ses actifs sous-jacents afin de minimiser les erreurs de suivi.

Les fonds négociés en bourse (ETF) offrent aux investisseurs un moyen flexible et rentable d'obtenir une exposition à des portefeuilles d'actifs diversifiés. En comprenant la structure, les avantages et les types de FNB disponibles, vous pouvez intégrer ces véhicules d'investissement dans votre portefeuille pour parvenir à une diversification, gérer les risques et poursuivre efficacement vos objectifs financiers. Investing for Teens présente les ETF comme une option d'investissement précieuse, en soulignant leur rôle dans l'élaboration d'une stratégie d'investissement diversifiée pour une réussite financière à long terme.

IMMOBILIER ET PLUS

Investir dans l'immobilier et d'autres investissements alternatifs offre des opportunités de diversification et de génération de revenus au-delà des actions et obligations traditionnelles. Voici un aperçu de l'immobilier et d'autres options d'investissement alternatives :

Investissements immobiliers

Définition : Les investissements immobiliers impliquent l'achat, la possession et la gestion de propriétés dans l'espoir de générer des revenus ou une appréciation au fil du temps.

Types d'investissements immobiliers :

Propriétés locatives : Posséder des propriétés résidentielles ou commerciales pour générer des revenus locatifs.

Fiducies de placement immobilier (REIT) : sociétés cotées en bourse qui possèdent, exploitent ou financent des biens immobiliers générateurs de revenus.

Financement participatif immobilier : investir dans des projets ou des propriétés immobilières via des plateformes en ligne, souvent avec des minimums d'investissement inférieurs.

Avantages:

Génération de revenus : les immeubles locatifs et les REIT fournissent des revenus réguliers sous forme de loyers ou de dividendes.

Appréciation : Les valeurs immobilières peuvent s'apprécier avec le temps, augmentant ainsi la valeur de votre investissement.

Diversification : L'immobilier offre des avantages en matière de diversification, car sa performance peut ne pas correspondre à celle des marchés financiers traditionnels.

Considérations :

Liquidité : Les investissements immobiliers peuvent être moins liquides que les actions ou les obligations, car ils peuvent prendre du temps à se vendre.

Entretien et gestion : La propriété directe des propriétés nécessite des responsabilités continues d'entretien et de gestion.

Risques de marché : les marchés immobiliers peuvent être influencés par les conditions économiques, les taux d'intérêt et la dynamique du marché local.

Autres investissements alternatifs

Matières premières : investissements dans des biens physiques tels que l'or, l'argent, le pétrole ou les produits agricoles.

Private Equity : Investissements dans des sociétés privées ou des entreprises non négociées sur les bourses publiques.

Hedge Funds : fonds d'investissement qui emploient diverses stratégies pour générer des rendements, souvent avec un risque et un rendement potentiel plus élevés.

Capital-risque : Investir dans des entreprises en démarrage à fort potentiel de croissance en échange de participation au capital.

Avantages:

Diversification : les investissements alternatifs peuvent offrir des avantages en matière de diversification en répartissant le risque entre différentes classes d'actifs.

Rendements potentiels : Certains investissements alternatifs offrent des rendements potentiels plus élevés que les actifs traditionnels.

Couverture contre l'inflation : les matières premières et les actifs réels peuvent servir de couverture contre les pressions inflationnistes.

Considérations :

Profil de risque : Les investissements alternatifs comportent souvent des risques plus élevés en raison de moins de réglementation, de volatilité des marchés ou d'illiquidité.

Complexité : Comprendre et évaluer les investissements alternatifs peut nécessiter des connaissances spécialisées ou des conseils professionnels.

Horizon d'investissement : les investissements alternatifs peuvent avoir des horizons d'investissement ou des périodes de blocage plus longs que les actifs traditionnels.

La diversification de votre portefeuille d'investissement avec des investissements immobiliers et alternatifs peut améliorer les rendements potentiels et atténuer les risques grâce à une exposition à différentes classes d'actifs. En comprenant les caractéristiques, les avantages et les considérations de l'immobilier, des matières premières, du capital-investissement et d'autres investissements alternatifs, vous pouvez élaborer une stratégie d'investissement complète qui correspond à vos objectifs financiers et à votre tolérance au risque. Investir pour les adolescents présente ces options d'investissement, soulignant leur rôle dans la création d'un portefeuille diversifié pour une croissance et une stabilité financières à long terme.

7. COMMENT CHOISIR VOS INVESTISSEMENTS

TOLÉRANCE AU RISQUE ET DIVERSIFICATION

Choisir les bons investissements implique de prendre en compte divers facteurs tels que la tolérance au risque, les stratégies de diversification et les objectifs d'investissement spécifiques. Cette section explore les principales considérations et stratégies pour aider les adolescents à prendre des décisions de placement éclairées.

Comprendre la tolérance au risque

La tolérance au risque fait référence à votre capacité et votre volonté de supporter les fluctuations de la valeur de vos investissements. Il est influencé par des facteurs tels que l'âge, les objectifs financiers, l'horizon d'investissement et l'aisance personnelle face à la volatilité des marchés.

Évaluation de la tolérance au risque : Déterminez votre tolérance au risque en évaluant dans quelle mesure vous êtes à l'aise avec la possibilité de pertes d'investissement. Tenez compte de votre stabilité financière, de votre expérience en matière d'investissement et de votre réaction émotionnelle aux fluctuations du marché.

Catégories de risque :

Conservateur : Préfère les investissements présentant un risque plus faible et un potentiel de rendements stables et modestes. Donne la priorité à la préservation du capital plutôt qu'à la croissance.

Modéré : Accepte un certain niveau de risque pour des rendements potentiels plus élevés, équilibrés avec la stabilité et la génération de revenus.

Agressif : prêt à prendre des risques importants pour des rendements potentiellement plus élevés, en se concentrant sur la croissance plutôt que sur la stabilité.

Impact sur les choix d'investissement : Votre tolérance au risque influence les types d'investissements que vous choisissez. Les investisseurs conservateurs peuvent privilégier les obligations ou les actions versant des dividendes, tandis que les investisseurs agressifs peuvent se tourner vers les actions de croissance ou les investissements alternatifs.

Importance de la diversification

La diversification est une stratégie qui répartit le risque d'investissement entre différentes classes d'actifs, secteurs ou régions géographiques. Il vise à minimiser l'impact de la volatilité des marchés sur votre portefeuille et à optimiser les rendements potentiels.

Avantages de la diversification :

Réduction des risques : La diversification de vos investissements réduit le risque de pertes importantes sur un seul actif ou secteur de marché.

Potentiel de croissance : En investissant dans différentes classes d'actifs, vous pouvez saisir des opportunités dans diverses conditions de marché et secteurs.

Rendements stables : la diversification peut lisser la performance du portefeuille au fil du temps, équilibrant les hauts et les bas des investissements individuels.

Stratégies de diversification :

Répartition d'actifs : répartissez vos investissements entre classes d'actifs telles que les actions, les obligations, l'immobilier et les équivalents de trésorerie en fonction de votre tolérance au risque et de vos objectifs d'investissement.

Diversification des secteurs et de l'industrie : répartissez les investissements sur différents secteurs (par exemple, technologie, soins de santé) pour réduire les risques spécifiques au secteur.

Diversification internationale : envisagez d'investir sur les marchés mondiaux pour bénéficier d'une diversification géographique et d'une exposition à différentes économies.

STRATÉGIES D'INVESTISSEMENT POUR LES ADOLESCENTS

Stratégies de croissance à long terme

Les adolescents ont l'avantage du temps lorsqu'il s'agit d'investir, ce qui leur permet de poursuivre des stratégies de croissance à long terme qui tirent parti des rendements composés et de l'appréciation du marché.

Commencer tôt : commencez à investir tôt pour tirer parti du pouvoir des intérêts composés au fil du temps. Même de petites contributions peuvent augmenter considérablement avec des décennies de croissance composée.

Focus sur la qualité : investissez dans des entreprises de haute qualité dotées de fondamentaux solides, d'une croissance constante des bénéfices et d'avantages concurrentiels dans leurs secteurs.

Dollar-Cost Averaging : investissez régulièrement un montant fixe (par exemple, mensuellement ou trimestriellement), quelles que soient les conditions du marché. Cette stratégie permet d'atténuer l'impact de la volatilité des marchés et de réduire potentiellement les coûts moyens par action au fil du temps.

Approche de portefeuille diversifiée

Construire un portefeuille diversifié adapté à votre tolérance au risque et à vos objectifs d'investissement est essentiel pour réussir à long terme en matière d'investissement.

Mélange de classes d'actifs : répartissez les investissements entre actions, obligations, ETF et investissements potentiellement alternatifs pour parvenir à une diversification et équilibrer les risques.

Rééquilibrage : examinez et rééquilibrez régulièrement votre portefeuille pour maintenir les pourcentages d'allocation d'actifs souhaités et vous adapter à l'évolution des conditions du marché ou des objectifs d'investissement.

Éducation et recherche

Formation continue : restez informé des marchés financiers, des stratégies d'investissement et des tendances économiques grâce à des sources, des livres et du matériel pédagogique réputés.

Recherche de conseils : envisagez de consulter un conseiller financier ou un mentor pour obtenir des informations, affiner votre stratégie d'investissement et prendre des décisions éclairées alignées sur vos objectifs.

Choisir des investissements implique de comprendre votre tolérance au risque, de mettre en œuvre des stratégies de diversification et de sélectionner des véhicules d'investissement qui correspondent à vos objectifs financiers et à votre horizon temporel. Pour les adolescents, se concentrer sur la croissance à long terme, diversifier les classes d'actifs et maintenir une approche disciplinée en matière d'investissement peuvent jeter les bases de l'indépendance financière et de l'accumulation de patrimoine au fil du temps. En appliquant ces principes, les adolescents peuvent naviguer dans les complexités de l'investissement en toute confiance et constituer un portefeuille diversifié qui répond à leurs aspirations financières futures.

8. OUVERTURE DE VOTRE PREMIER COMPTE D'INVESTISSEMENT

TYPES DE COMPTES (COURTAGE, ROTH IRA, ETC.)

L'ouverture de votre premier compte de placement est une étape importante vers l'atteinte de vos objectifs financiers et la constitution d'un patrimoine. Cette section donne un aperçu des différents types de comptes de placement et un guide étape par étape pour configurer votre compte.

Comptes de courtage

Définition : Un compte de courtage est un type de compte d'investissement qui vous permet d'acheter et de vendre divers investissements tels que des actions, des obligations, des fonds communs de placement, des ETF, etc.

Caractéristiques:

Flexibilité : Vous avez la possibilité de choisir parmi une large gamme d'options de placement en fonction de vos objectifs financiers et de votre tolérance au risque.

Trading : vous pouvez négocier activement des investissements, surveiller les performances du marché et ajuster votre portefeuille selon vos besoins.

Coûts : les comptes de courtage peuvent facturer des commissions ou des frais pour les transactions, alors comparez les coûts des différentes sociétés de courtage.

Roth IRA (compte de retraite individuel)

Définition : Un Roth IRA est un compte d'épargne-retraite qui offre une croissance libre d'impôt sur vos investissements. Les cotisations sont versées avec des dollars après impôt et les retraits à la retraite sont généralement libres d'impôt, sous certaines conditions.

Caractéristiques:

Avantages fiscaux : Les investissements croissent à l'abri de l'impôt et les retraits admissibles à la retraite sont exonérés d'impôt.

Limites de cotisation : des limites de cotisation s'appliquent en fonction des niveaux de revenu et de l'âge, avec des limites de cotisation annuelles fixées par l'IRS.

Flexibilité : Bien que conçus pour l'épargne-retraite, les Roth IRA permettent des retraits sans pénalité de cotisations (et non de revenus) avant l'âge de la retraite à certaines fins.

IRA traditionnel

Définition : Un IRA traditionnel est un autre type de compte d'épargne-retraite qui offre une croissance à impôt différé sur les investissements. Les cotisations peuvent être déductibles d'impôt et les impôts sont généralement reportés jusqu'à ce que les retraits soient effectués à la retraite.

Caractéristiques:

Déductibilité fiscale : Les cotisations peuvent être déductibles d'impôt selon votre niveau de revenu et si vous ou votre conjoint êtes couvert par un régime de retraite parrainé par l'employeur.

Distributions minimales requises (RMD) : à partir de 72 ans, vous devez retirer les RMD d'un IRA traditionnel, qui sont imposables comme un revenu ordinaire.

Pénalités de retrait anticipé : Les retraits avant 59 ans et demi peuvent entraîner des impôts et des pénalités, sauf certaines exceptions.

GUIDE ÉTAPE PAR ÉTAPE POUR LA CONFIGURATION

1. Déterminez vos objectifs d'investissement

Définir des objectifs : clarifiez vos objectifs financiers, qu'il s'agisse d'épargner pour la retraite, de constituer un patrimoine ou d'atteindre des jalons financiers spécifiques.

2. Recherchez et choisissez un type de compte approprié

Évaluez les options : tenez compte de votre tolérance au risque, de votre calendrier d'investissement et de vos considérations fiscales lorsque vous choisissez entre des comptes de courtage, des Roth IRA, des IRA traditionnels ou d'autres types de comptes.

3. Sélectionnez une institution financière

Comparez les fournisseurs : recherchez des sociétés de courtage, des banques ou des institutions financières réputées qui proposent le type de compte d'investissement que vous avez choisi.

4. Rassemblez les documents requis

Identification : Préparez des documents d'identification personnels tels qu'un permis de conduire ou un passeport.

Informations fiscales : fournissez des numéros d'identification fiscale ou des numéros de sécurité sociale à des fins de déclaration fiscale.

5. Remplissez la demande de compte

Remplissez les formulaires : Remplissez la demande de compte fournie par l'institution financière de votre choix.

Alimentez votre compte : déposez des fonds sur votre compte, soit par virement électronique, soit par dépôt de chèque, soit par transfert depuis un autre compte qualifié.

6. Vérifiez et confirmez la configuration du compte

Vérifier les détails : examinez les conditions du compte, les frais et les options d'investissement avant de finaliser la configuration de votre compte.

Confirmer le dépôt : assurez-vous que votre dépôt initial est reçu et crédité sur votre compte.

7. Commencez à investir

Choisir des investissements : sélectionnez des investissements spécifiques en fonction de votre stratégie d'investissement et de vos préférences en matière d'allocation d'actifs.

Surveillez votre portefeuille : examinez régulièrement vos investissements, suivez les performances et effectuez les ajustements nécessaires pour rester sur la bonne voie avec vos objectifs financiers.

L'ouverture de votre premier compte de placement implique de comprendre les différents types de comptes, d'évaluer vos objectifs de placement et votre tolérance au risque, et de suivre un processus étape par étape pour créer votre compte. Que vous choisissiez un compte de courtage, un Roth IRA, un IRA traditionnel ou un autre véhicule d'investissement, commencer tôt et investir de manière cohérente peut conduire à une croissance financière et à une accumulation de richesse à long terme. En suivant ces étapes et en restant informé des options et des stratégies de placement, vous pouvez commencer à bâtir un portefeuille diversifié qui correspond à vos aspirations financières et vous prépare à votre réussite financière future.

PARTIE III : INVESTIR EN BOURSE

9. COMPRENDRE LE MARCHÉ BOURSIER

COMMENT FONCTIONNENT LES ACTIONS

Comprendre le marché boursier est essentiel pour les investisseurs souhaitant participer à des investissements en actions. Cette section fournit un aperçu du fonctionnement des actions, des termes clés et des concepts liés au marché boursier.

Définition et bases

Actions : Les actions, également appelées actions ou actions, représentent la propriété d'une entreprise. Lorsque vous achetez une action, vous devenez actionnaire et possédez une partie des actifs et des bénéfices de l'entreprise.

Marché primaire : les entreprises émettent des actions par le biais d'offres publiques initiales (IPO) pour lever des capitaux auprès des investisseurs.

Marché secondaire : Après l'introduction en bourse, les actions sont négociées sur des bourses comme la Bourse de New York (NYSE) ou le NASDAQ, où les investisseurs achètent et vendent des actions entre eux.

Possession d'action

Droits et avantages : Les actionnaires ont le droit de vote dans les décisions de l'entreprise, telles que l'élection des membres du conseil d'administration et l'approbation des principales politiques de l'entreprise.

Dividendes : Certaines entreprises distribuent une partie de leurs bénéfices aux actionnaires sous forme de dividendes, fournissant ainsi un flux de revenus régulier.

Mouvement du cours des actions

Offre et demande : les cours des actions fluctuent en fonction de la dynamique de l'offre et de la demande sur le marché.

Forces du marché : Les facteurs influençant les cours des actions comprennent les performances de l'entreprise, les conditions économiques, les tendances du secteur et le sentiment des investisseurs.

Risques et récompenses

Potentiel de croissance : les actions offrent un potentiel d'appréciation du capital à mesure que les bénéfices de l'entreprise augmentent et que le cours des actions augmente.

Risque de perte : les actions sont soumises à la volatilité du marché et les prix peuvent baisser en raison de divers facteurs, notamment des ralentissements économiques ou des problèmes spécifiques à l'entreprise.

TERMES ET CONCEPTS CLÉS

Indices de marché

Définition : Les indices de marché, tels que le S&P 500 ou le Dow Jones Industrial Average (DJIA), mesurent la performance d'un groupe spécifique d'actions ou de l'ensemble du marché boursier.

Benchmarking : les investisseurs utilisent des indices comme références pour évaluer la performance du portefeuille par rapport à l'ensemble du marché.

Bourse

Définition : Une bourse est un marché où des actions et autres titres sont achetés et vendus.

Fonctions : Les bourses offrent de la liquidité, de la transparence des prix et une plateforme permettant aux entreprises de lever des capitaux par le biais d'offres publiques.

Ordres au marché et ordres limités

Ordres au marché : Un ordre au marché demande à un courtier d'acheter ou de vendre une action au prix actuel du marché, garantissant ainsi l'exécution mais pas la certitude du prix.

Ordres limités : Un ordre limité spécifie un prix auquel acheter ou vendre une action. Il garantit la certitude des prix mais ne garantit pas l'exécution si le prix du marché n'atteint pas la limite spécifiée.

Marchés haussiers et baissiers

Marché haussier : Un marché haussier se caractérise par la hausse des cours boursiers et l'optimisme des investisseurs quant à la croissance économique future.

Marché baissier : Un marché baissier fait référence à la baisse des cours boursiers et au pessimisme des investisseurs, souvent accompagnés d'une récession ou d'un ralentissement économique.

Comprendre le fonctionnement des actions et se familiariser avec les termes et concepts clés du marché boursier sont fondamentaux pour les investisseurs souhaitant créer de la richesse grâce à des investissements en actions. En maîtrisant les bases de l'actionnariat, des mouvements de prix, des indices de marché, des ordres de négociation et des cycles de marché, les investisseurs peuvent prendre des décisions éclairées, gérer efficacement les risques et capitaliser sur les opportunités dans le monde dynamique de l'investissement boursier. En vous informant continuellement et en restant informé des tendances et des évolutions du marché, vous pourrez naviguer dans les complexités du marché boursier et atteindre vos objectifs financiers à long terme.

10. COMMENT ACHETER ET VENDRE DES ACTIONS

PLATEFORMES DE TRADING POUR ADOLESCENTS

L'achat et la vente d'actions sont un aspect fondamental de l'investissement en bourse. Cette section fournit des conseils sur les plateformes de négociation pour les adolescents et sur le processus étape par étape pour effectuer votre première opération boursière.

Définition et fonctionnalités

Plateformes de trading : les plateformes de trading sont des applications logicielles fournies par des sociétés de courtage qui permettent aux investisseurs d'acheter et de vendre des actions, des ETF et d'autres titres.

Caractéristiques : Les principales fonctionnalités des plateformes de trading pour adolescents peuvent inclure :

Interface conviviale : Plateformes intuitives conçues pour une utilisation facile, adaptées aux débutants.

Ressources pédagogiques : accès à du matériel pédagogique, des didacticiels et des outils pour aider les adolescents à apprendre à investir.

Gestion de compte : fonctionnalités permettant de gérer les comptes, de suivre les investissements et de surveiller les performances du portefeuille.

Exemples de plateformes de trading

Robinhood : Connu pour son interface conviviale et son trading sans commission d'actions, d'ETF, d'options et de crypto-monnaies.

Acorns : offre des fonctionnalités d'investissement et de regroupement automatisées pour faciliter l'épargne et l'investissement dans des portefeuilles diversifiés.

Webull : Fournit des outils de trading avancés, des données de marché en temps réel et des transactions d'actions et d'ETF sans commission.

thinkorswim de TD Ameritrade : offre une plateforme de trading complète avec des outils graphiques avancés, des recherches et des ressources pédagogiques.

PLACER VOTRE PREMIÈRE TRANSACTION

Guide étape par étape

Sélectionnez votre plateforme de trading :

Choisissez une plateforme de trading adaptée à vos besoins et préférences. Tenez compte de facteurs tels que les frais, les fonctionnalités et les investissements disponibles.

Ouvrez et approvisionnez votre compte :

Terminez le processus d'ouverture de compte, notamment en fournissant des informations personnelles et en approvisionnant votre compte avec un dépôt initial.

Recherchez et choisissez un titre :

Effectuez des recherches sur les actions à l'aide des outils de recherche, des données de marché et des ressources pédagogiques de la plateforme.

Tenez compte de facteurs tels que les performances de l'entreprise, la santé financière, les tendances du secteur et les notes des analystes.

Commander:

Accédez à la section de négociation de la plateforme et sélectionnez « Acheter » ou « Échanger » pour l'action que vous souhaitez acheter.

Saisissez le nombre d'actions que vous souhaitez acheter et précisez s'il s'agit d'un ordre au marché ou d'un ordre limité.

Vérifier les détails de la commande :

Vérifiez les détails de la commande, notamment le symbole boursier, la quantité, le prix et le coût total.

Confirmez que toutes les informations sont exactes avant de soumettre votre commande.

Surveillez et gérez votre transaction :

Après avoir passé votre transaction, surveillez l'exécution de votre ordre et suivez l'évolution du titre.

performances de votre portefeuille.

Pensez à définir des alertes ou des ordres stop-loss pour gérer les risques et protéger vos investissements.

Conseils pour un trading réussi

Commencez petit : commencez par un petit investissement pour acquérir de l'expérience et de la confiance dans le trading.

Diversifier : Évitez de mettre tous vos fonds dans une seule action. Diversifiez vos investissements entre différentes actions ou classes d'actifs pour gérer les risques.

Renseignez-vous : découvrez en permanence les stratégies d'investissement, les tendances du marché et les concepts financiers pour prendre des décisions éclairées.

L'achat et la vente d'actions via des plateformes de négociation permettent aux adolescents de participer au marché boursier et de commencer à créer de la richesse dès leur plus jeune âge. En choisissant une plateforme de trading appropriée, en effectuant des recherches approfondies et en suivant une approche structurée pour effectuer des transactions, les adolescents peuvent développer des compétences essentielles en matière d'investissement et jeter les bases d'une réussite financière à long terme. S'engager dans des ressources pédagogiques, rester informé des évolutions du marché et adopter des habitudes d'investissement disciplinées contribuera à constituer un portefeuille diversifié et à atteindre les objectifs financiers au fil du temps.

11. LECTURE DES GRAPHIQUES BOURSIERS ET DES TENDANCES DU MARCHÉ

BASES DE L'ANALYSE TECHNIQUE

Comprendre comment lire les graphiques boursiers et interpréter les tendances du marché est essentiel pour prendre des décisions d'investissement éclairées. Cette section explore les bases de l'analyse technique et fournit des informations sur l'interprétation des actualités du marché pour naviguer efficacement sur le marché boursier.

Bases de l'analyse technique

L'analyse technique consiste à analyser les données historiques sur les prix et les volumes pour prévoir les mouvements futurs des prix des actions et d'autres instruments financiers. Il repose sur le principe selon lequel les tendances et les modèles du marché ont tendance à se répéter au fil du temps, permettant aux investisseurs d'identifier les opportunités potentielles d'achat et de vente. Voici les éléments clés de l'analyse technique :

1. Graphiques de prix

Types de graphiques : les types courants incluent les graphiques linéaires, les graphiques à barres et les graphiques en chandeliers.

Périodes : les graphiques peuvent afficher les mouvements de prix sur différentes périodes, telles que les minutes, les heures, les jours, les semaines ou les mois.

Lignes de tendance : les lignes de tendance sont utilisées pour identifier la direction et la force des tendances des prix. Une tendance haussière se caractérise par des hauts et des bas plus élevés, tandis qu'une tendance baissière montre des hauts et des bas plus bas.

2. Indicateurs techniques

Moyennes mobiles : les moyennes mobiles lissent les données de prix pour identifier les tendances en filtrant le bruit des fluctuations aléatoires des prix.

Relative Strength Index (RSI) : RSI mesure la vitesse et l'évolution des mouvements de prix pour déterminer les conditions de surachat ou de survente.

MACD (Moving Average Convergence Divergence) : MACD indique les changements de tendance d'un titre en comparant deux moyennes mobiles.

3. Niveaux de support et de résistance

Support : Les niveaux de support sont des niveaux de prix où une action a tendance à trouver un intérêt d'achat, l'empêchant de baisser davantage.

Résistance : les niveaux de résistance sont des niveaux de prix où une action a tendance à subir une pression à la vente, l'empêchant de continuer à augmenter.

4. Modèles de graphiques

Modèles courants : les modèles tels que la tête et les épaules, les doubles hauts/bas, les triangles et les drapeaux donnent un aperçu des retournements de prix potentiels ou de la poursuite des tendances.

INTERPRÉTER L'ACTUALITÉ DU MARCHÉ

Interpréter l'actualité du marché implique d'analyser les communiqués de presse, les rapports économiques, les annonces d'entreprises et les événements géopolitiques qui ont un impact sur les cours boursiers et le sentiment du marché. Voici comment interpréter efficacement les nouvelles du marché :

1. Indicateurs économiques

Rapports clés : prêtez attention aux rapports tels que la croissance du PIB, les données sur l'emploi (par exemple, la masse salariale non agricole), l'inflation (IPC) et les indices de confiance des consommateurs.

Impact sur les marchés : des indicateurs économiques positifs peuvent conduire à un sentiment haussier du marché, tandis que des données négatives peuvent déclencher des réactions baissières.

2. Rapports sur les bénéfices de l'entreprise

Rapports trimestriels : les sociétés cotées en bourse publient des rapports trimestriels sur les résultats détaillant les performances financières, les revenus, le bénéfice par action (BPA) et les prévisions futures.

Réaction du marché : les cours des actions réagissent souvent fortement aux rapports sur les bénéfices, des bénéfices meilleurs que prévu dopant généralement les cours des actions et vice versa.

3. Événements géopolitiques

Impact sur les marchés : des événements tels que les élections, les tensions commerciales, les conflits géopolitiques et les décisions politiques peuvent affecter les marchés mondiaux et la confiance des investisseurs.

Impact spécifique au secteur : Certains secteurs, comme l'énergie ou la technologie, peuvent être plus sensibles à des événements géopolitiques spécifiques.

4. Sentiment du marché et psychologie des investisseurs

Peur et cupidité : le sentiment des investisseurs oscille entre la peur (pression de vente) et la cupidité (intérêt d'achat), influençant la volatilité du marché.

Approche à contre-courant : les investisseurs à contre-courant peuvent capitaliser sur les extrêmes du sentiment du marché pour identifier les opportunités d'achat ou de vente.

Intégrer l'analyse technique aux actualités du marché

Approche holistique : La combinaison de l'analyse technique avec l'analyse fondamentale (y compris l'actualité du marché) fournit une vue complète des mouvements des actions.

Confirmation : des modèles ou indicateurs techniques peuvent confirmer ou contredire les informations du marché, guidant les décisions d'investissement.

Maîtriser l'art de lire les graphiques boursiers et d'interpréter les tendances du marché permet aux investisseurs de prendre des décisions éclairées sur le marché boursier. En comprenant les outils d'analyse technique, en identifiant les principaux niveaux de support et de résistance, en reconnaissant les modèles graphiques et en interprétant efficacement les nouvelles du marché, les investisseurs peuvent améliorer leur capacité à anticiper les mouvements de prix et à gérer les risques. Affiner continuellement vos compétences en analyse technique, rester informé des évolutions du marché et maintenir une approche disciplinée en matière d'investissement contribuera à atteindre vos objectifs financiers à long terme. Que vous soyez un investisseur novice ou un trader chevronné, l'intégration de l'analyse technique à une compréhension approfondie de l'actualité du marché offre un avantage stratégique pour naviguer dans les complexités du marché boursier avec confiance et clarté.

PARTIE IV : STRATÉGIES D'INVESTISSEMENT AVANCÉES

12. DIVERSIFICATION ET ALLOCATION D'ACTIFS

ÉQUILIBRER VOTRE PORTEFEUILLE

La diversification et l'allocation d'actifs sont des principes fondamentaux de la stratégie d'investissement visant à gérer les risques et à optimiser les rendements. Cette section explore les concepts de diversification, d'équilibrage de votre portefeuille et de réduction du risque grâce à une répartition stratégique des actifs.

La diversification expliquée

La diversification implique de répartir les investissements entre différentes classes d'actifs, secteurs, secteurs et régions géographiques afin de réduire l'impact de la volatilité d'un investissement individuel. L'objectif est de minimiser les risques et potentiellement d'améliorer la performance globale du portefeuille en ne dépendant pas trop de la performance d'un seul investissement.

Avantages de la diversification

Atténuation des risques : la diversification entre différents actifs réduit le risque de pertes importantes sur un seul investissement.

Potentiel de rendements plus élevés : en investissant dans des actifs présentant différents profils risque-rendement, la diversification peut améliorer les rendements globaux du portefeuille.

Lissage de la volatilité : les actifs peuvent fonctionner différemment selon diverses conditions de marché, lissant ainsi les fluctuations du portefeuille.

Stratégies de diversification

Classes d'actifs : répartissez les investissements entre les actions, les obligations, les équivalents de trésorerie, l'immobilier et les investissements alternatifs (par exemple, les matières premières, les crypto-monnaies).

Répartition sectorielle et sectorielle : répartissez les investissements entre différents secteurs (par exemple, technologie, soins de santé, finance) pour réduire l'exposition aux risques spécifiques au secteur.

Diversification géographique : investissez sur les marchés de différents pays ou régions pour réduire l'impact des événements géopolitiques ou des ralentissements économiques dans une région.

Équilibrer votre portefeuille

Équilibrer un portefeuille implique d'ajuster la répartition des actifs pour l'aligner sur les objectifs d'investissement, la tolérance au risque et les conditions du marché. Un portefeuille équilibré comprend généralement une combinaison d'actifs qui travaillent ensemble pour réaliser une croissance à long terme tout en gérant les risques.

Étapes pour équilibrer votre portefeuille

Définir des objectifs d'investissement : déterminez vos objectifs financiers, tels que la croissance, le revenu ou la préservation du capital.

Évaluer la tolérance au risque : Évaluez votre volonté et votre capacité à tolérer les fluctuations de la valeur du portefeuille.

Répartir les actifs : répartissez les actifs en fonction de vos objectifs et de votre tolérance au risque, en tenant compte du rendement attendu et de la volatilité de chaque classe d'actifs.

Rééquilibrage du portefeuille

Examen régulier : examinez et rééquilibrez périodiquement votre portefeuille pour maintenir les allocations d'actifs souhaitées.

Événements déclencheurs : rééquilibrage après des mouvements importants du marché, des changements dans la situation financière ou des changements dans les objectifs d'investissement.

RÉDUIRE LES RISQUES GRÂCE À LA DIVERSIFICATION

La diversification contribue à réduire le risque d'investissement en répartissant les actifs entre différents investissements qui réagissent différemment aux conditions du marché. Voici comment il atténue différents types de risques :

1. Risque de marché

Fluctuations du marché : différents actifs, tels que les actions, les obligations et l'immobilier, peuvent réagir différemment aux mouvements du marché.

2. Risque spécifique à l'entreprise

Actions individuelles : la diversification entre plusieurs actions au sein de différents secteurs réduit l'impact des mauvaises performances d'une seule entreprise.

3. Risque sectoriel

Exposition sectorielle : la répartition des investissements entre différents secteurs réduit l'exposition aux risques spécifiques à un secteur donné.

4. Risque géopolitique et économique

Exposition mondiale : investir sur les marchés internationaux réduit la dépendance à l'égard de la stabilité économique et politique d'un seul pays.

Mise en œuvre de stratégies d'allocation d'actifs

1. Allocation stratégique d'actifs

Stratégie à long terme : définissez des allocations cibles pour différentes classes d'actifs en fonction des objectifs d'investissement et de la tolérance au risque.

Rééquilibrage périodique : ajustez périodiquement les pondérations du portefeuille pour maintenir les allocations cibles malgré les fluctuations du marché.

2. Allocation tactique d'actifs

Ajustements à court terme : effectuez des changements à court terme dans la répartition des actifs en fonction des perspectives de marché ou des conditions économiques à court terme.

3. Allocation dynamique d'actifs

Flexibilité : Ajustez les allocations de manière dynamique en réponse à l'évolution des conditions du marché ou des opportunités d'investissement.

La diversification et la répartition des actifs font partie intégrante de la constitution d'un portefeuille d'investissement résilient qui équilibre risque et rendement. En répartissant les investissements entre différentes classes d'actifs, secteurs et régions géographiques, les investisseurs peuvent atténuer les risques et améliorer le potentiel de croissance à long terme. Équilibrer un portefeuille implique d'aligner les allocations d'actifs sur les objectifs d'investissement et de les ajuster périodiquement pour maintenir les niveaux de risque souhaités. Grâce à une répartition stratégique des actifs et à un rééquilibrage discipliné, les investisseurs peuvent faire face aux fluctuations du marché, réduire leur vulnérabilité à des risques spécifiques et atteindre leurs objectifs financiers avec plus de confiance et de stabilité. L'intégration de ces principes dans votre stratégie de placement favorise un portefeuille diversifié qui résiste à la volatilité des marchés et vous positionne pour une accumulation soutenue de patrimoine au fil du temps.

13. COMPRENDRE LES FONDS COMMUNS DE PLACEMENT ET LES ETF

AVANTAGES ET INCONVÉNIENTS

Les fonds communs de placement et les fonds négociés en bourse (FNB) sont des véhicules d'investissement populaires qui mettent en commun l'argent des investisseurs pour investir dans des portefeuilles diversifiés de titres. Cette section explore les bases des fonds communs de placement et des FNB, leurs avantages et inconvénients, ainsi que la manière d'investir efficacement dans ces fonds.

Fonds communs de placement et ETF expliqués

Fonds communs de placement

Les fonds communs de placement sont des fonds d'investissement gérés par des professionnels qui mettent en commun l'argent de plusieurs investisseurs pour acheter des titres tels que des actions, des obligations ou une combinaison des deux. Les investisseurs achètent des actions du fonds commun de placement et le gestionnaire du fonds répartit les fonds communs en fonction des objectifs de placement du fonds.

Diversification : Fournit une diversification en investissant dans une large gamme de titres, réduisant ainsi le risque d'investissement individuel.

Gestion professionnelle : Géré par des gestionnaires de portefeuille expérimentés qui prennent des décisions d'investissement en fonction des objectifs du fonds et des conditions du marché.

Liquidité : Les investisseurs peuvent acheter ou vendre des actions d'OPC à la fin de chaque journée de bourse en fonction de la valeur liquidative (VNI) du fonds.

Fonds négociés en bourse (FNB)

Les ETF sont similaires aux fonds communs de placement mais se négocient en bourse comme des actions individuelles. Ils représentent des paniers de titres (par exemple, actions, obligations, matières premières) et visent à reproduire la performance d'un indice ou d'une classe d'actifs spécifique.

Négociabilité : les actions d'ETF sont achetées et vendues tout au long de la journée de négociation aux prix du marché, offrant ainsi aux investisseurs la flexibilité d'entrer ou de sortir de positions.

Transparence : Les avoirs en ETF sont divulgués quotidiennement, permettant aux investisseurs de voir les actifs sous-jacents du fonds et leurs pondérations.

Avantages et inconvénients

Avantages des fonds communs de placement et des ETF

Diversification : Les fonds communs de placement et les ETF offrent une diversification sur plusieurs titres, réduisant ainsi le risque d'investissement individuel.

Gestion professionnelle : Bénéficiez d'une gestion professionnelle et de l'expertise de gestionnaires de fonds ou de fournisseurs d'indices.

Accessibilité : Facilement accessible via des comptes de courtage ou des plateformes d'investissement, permettant aux investisseurs de toutes tailles de participer.

Rentable : de nombreux ETF ont des ratios de frais inférieurs à ceux des fonds communs de placement gérés activement, réduisant ainsi les coûts d'investissement globaux.

Liquidité : Les fonds communs de placement et les ETF peuvent être achetés ou vendus quotidiennement, offrant liquidité et flexibilité aux investisseurs.

Inconvénients des fonds communs de placement et des ETF

Frais : Certains fonds communs de placement et FNB peuvent avoir des frais de gestion, des frais de vente (charges) ou d'autres dépenses qui peuvent avoir une incidence sur les rendements.

Gestion passive ou active : les fonds communs de placement gérés activement peuvent avoir des frais plus élevés et peuvent ne pas surperformer systématiquement le marché.

Risque de marché : Les fonds communs de placement et les FNB sont soumis au risque de marché, et les fluctuations du marché peuvent affecter leur performance.

Erreur de suivi (ETF) : les ETF peuvent ne pas suivre parfaitement leur indice sous-jacent en raison de facteurs tels que les frais, les coûts de négociation et la volatilité du marché.

COMMENT INVESTIR DANS DES FONDS

Étapes pour investir dans des fonds communs de placement et des ETF

Définir des objectifs d'investissement : déterminez vos objectifs financiers, votre tolérance au risque et votre horizon temporel d'investissement.

Recherche et sélection :

Objectifs d'investissement : Choisissez des fonds alignés sur vos objectifs d'investissement (par exemple, croissance, revenu, équilibré).

Performance : évaluez les performances historiques, les mesures de risque (par exemple, l'écart type) et les frais.

Gestionnaire de fonds : évaluer les antécédents et l'expérience du gestionnaire de fonds (pour les fonds communs de placement).

Sélection des fonds :

Classe d'actifs : décidez si vous souhaitez une exposition aux actions, aux obligations, aux matières premières ou à une combinaison de classes d'actifs.

Diversification : envisagez des fonds qui offrent une large exposition à des secteurs, des industries ou des régions géographiques.

Profil de risque : Faites correspondre le profil de risque du fonds avec votre tolérance au risque et vos objectifs d'investissement.

Ouverture d'un compte :

Compte de courtage : Ouvrez un compte de courtage si vous n'en avez pas déjà un, vous permettant d'acheter et de vendre des fonds communs de placement et des ETF.

IRA ou 401(k) : envisagez des comptes fiscalement avantageux comme les comptes de retraite individuels (IRA) ou les plans 401(k) parrainés par l'employeur pour l'épargne à long terme.

Réaliser des investissements :

Achat : Passez des ordres d'achat d'actions de fonds communs de placement ou de parts de FNB via votre compte de courtage.

Investissements minimum : Certains fonds peuvent avoir des exigences d'investissement minimum, alors assurez-vous de répondre à ces critères.

Suivi et rééquilibrage :

Examen régulier : surveillez les performances des fonds, les frais et les changements dans votre situation financière ou vos objectifs d'investissement.

Rééquilibrage : Ajustez périodiquement votre portefeuille pour maintenir les allocations d'actifs souhaitées ou pour vous adapter aux changements des conditions du marché.

Les fonds communs de placement et les FNB offrent des opportunités d'investissement accessibles et diversifiées aux investisseurs recherchant une exposition à diverses classes d'actifs et segments de marché. En comprenant leur structure, leurs avantages et leurs inconvénients potentiels, les investisseurs peuvent prendre des décisions éclairées qui correspondent à leurs objectifs financiers et à leur tolérance au risque. Que vous préfériez l'approche de gestion active des fonds communs de placement ou la transparence et la flexibilité des FNB, l'intégration de ces véhicules d'investissement dans un portefeuille bien diversifié peut aider à gérer les risques et à optimiser les rendements à long terme. Surveillez en permanence vos investissements, restez informé des tendances du marché et ajustez votre portefeuille si nécessaire pour vous adapter aux conditions économiques changeantes et aux objectifs financiers personnels. Grâce à des investissements disciplinés et à une sélection stratégique de fonds, les fonds communs de placement et les FNB peuvent jouer un rôle essentiel dans la réussite financière et la création de richesse au fil du temps.

14. INTRODUCTION À LA CRYPTO-MONNAIE

QU'EST-CE QUE LA CRYPTO-MONNAIE ?

La crypto-monnaie est devenue une classe d'actifs numériques révolutionnaire qui a attiré l'attention des investisseurs, des technologues et du grand public. Cette section fournit une introduction à la crypto-monnaie, décrivant ce qu'elle est, sa technologie sous-jacente, ainsi que les risques et opportunités associés à l'investissement dans cette nouvelle frontière financière.

Qu'est-ce que la crypto-monnaie ?

La crypto-monnaie est un type de monnaie numérique ou virtuelle qui utilise la cryptographie pour des raisons de sécurité. Contrairement aux monnaies traditionnelles émises par les gouvernements (monnaies fiduciaires), les cryptomonnaies fonctionnent sur des réseaux décentralisés basés sur la technologie blockchain. Voici les caractéristiques clés :

Décentralisation : les crypto-monnaies sont généralement décentralisées et fonctionnent sur une technologie de grand livre distribué, telle que la blockchain, qui enregistre toutes les transactions sur un réseau d'ordinateurs.

Cryptographie : Utilise des techniques cryptographiques pour sécuriser les transactions, contrôler la création de nouvelles unités et vérifier le transfert d'actifs.

Nature numérique : existe uniquement sous forme numérique et n'a pas de contrepartie physique comme des pièces ou des billets de banque.

Transactions peer-to-peer : permet des transactions directes entre les utilisateurs sans avoir recours à des intermédiaires tels que des banques ou des processeurs de paiement.

RISQUES ET OPPORTUNITÉS

Risques de la crypto-monnaie

Volatilité : les prix des crypto-monnaies peuvent être très volatils, avec des fluctuations de prix importantes sur de courtes périodes.

Incertitude réglementaire : les cadres réglementaires des crypto-monnaies varient à l'échelle mondiale, ce qui entraîne une incertitude quant au statut juridique, à la fiscalité et à la conformité.

Problèmes de sécurité : les menaces de cybersécurité, telles que les attaques de piratage et de phishing, présentent des risques pour les échanges et les portefeuilles de crypto-monnaie.

Manipulation du marché : Le marché des cryptomonnaies peut être sujet à des manipulations en raison de sa taille relativement petite et de sa nature décentralisée.

Opportunités de la crypto-monnaie

Décentralisation et inclusion financière : les crypto-monnaies offrent un accès financier aux personnes non bancarisées ou sous-bancarisées, en particulier dans les régions où l'infrastructure bancaire est limitée.

Innovation dans la technologie Blockchain : La blockchain, la technologie sous-jacente aux crypto-monnaies, a des applications plus larges au-delà de la finance, notamment la gestion de la chaîne d'approvisionnement, les systèmes de vote et la finance décentralisée (DeFi).

Potentiel d'investissement : Certains investisseurs considèrent les crypto-monnaies comme un investissement spéculatif avec un potentiel de rendement élevé, tiré par l'adoption, les progrès technologiques et la demande du marché.

Diversification : les crypto-monnaies peuvent diversifier les portefeuilles d'investissement au-delà des actifs traditionnels comme les actions, les obligations et les matières premières.

Comment aborder l'investissement dans la crypto-monnaie

1. Renseignez-vous :

Comprendre la technologie : découvrez la technologie blockchain, les mécanismes de consensus (par exemple, preuve de travail, preuve de participation) et les crypto-monnaies clés (par exemple, Bitcoin, Ethereum).

Évaluation des risques : évaluez votre tolérance au risque et comprenez la volatilité et la nature spéculative des investissements en crypto-monnaie.

2. Choisissez une plateforme sécurisée :

Échanges de crypto-monnaie : recherchez et sélectionnez des échanges de crypto-monnaie réputés avec des mesures de sécurité robustes et une conformité réglementaire.

Portefeuilles : stockez en toute sécurité les crypto-monnaies dans des portefeuilles (hot wallets pour les échanges fréquents, cold wallets pour le stockage à long terme) pour vous protéger contre les cybermenaces.

3. Diversifier les investissements :

Risque de répartition : diversifiez les investissements dans différentes crypto-monnaies, classes d'actifs et stratégies d'investissement pour atténuer les risques.

4. Restez informé :

Tendances du marché : surveillez les tendances, les actualités et les évolutions réglementaires du marché des cryptomonnaies qui peuvent avoir un impact sur les prix et le sentiment du marché.

Avancées technologiques : restez informé des avancées de la technologie blockchain et des nouvelles applications émergentes dans l'écosystème des crypto-monnaies.

La crypto-monnaie représente un secteur dynamique et en évolution du paysage financier mondial, offrant des opportunités potentielles aux investisseurs ainsi que des risques inhérents. Lorsque vous explorez le monde de la cryptomonnaie, il est essentiel de comprendre sa technologie, ses risques et ses opportunités pour prendre des décisions d'investissement éclairées. Que vous soyez intrigué par la décentralisation de la finance, intéressé par le potentiel de la technologie blockchain ou recherchant une diversification dans votre portefeuille d'investissement, aborder la crypto-monnaie avec connaissance et prudence peut vous permettre de naviguer efficacement dans cette classe d'actifs émergente. En restant informé, en adoptant les meilleures pratiques en matière de sécurité et de gestion des risques et en alignant les investissements sur vos objectifs financiers et votre tolérance au risque, vous pouvez vous positionner pour capitaliser sur les opportunités tout en gérant les risques associés aux investissements en crypto-monnaie.

PARTIE V : CONSTRUIRE DE BONNES HABITUDES FINANCIÈRES

15. ÉLABORER UN PLAN D'INVESTISSEMENT À LONG TERME

L'élaboration d'un plan d'investissement à long terme est essentielle pour atteindre les objectifs financiers et créer un patrimoine au fil du temps. Cette section décrit les étapes à suivre pour créer une stratégie d'investissement complète, y compris la définition d'étapes et la révision et l'ajustement réguliers de votre plan pour rester sur la bonne voie.

FIXER DES JALONS

Fixer des jalons est crucial pour définir vos objectifs financiers et mesurer les progrès vers leur réalisation. Les jalons apportent clarté et motivation lorsque vous travaillez vers des objectifs d'investissement à long terme.

1. Identifiez les objectifs financiers

Objectifs à court terme : objectifs que vous souhaitez atteindre au cours des 1 à 3 prochaines années, comme épargner pour un acompte ou financer des vacances.

Objectifs à long terme : objectifs qui s'étendent sur 5 à 10 ans ou plus, comme la planification de la retraite, le financement de l'éducation des enfants ou la constitution d'un portefeuille d'investissement substantiel.

2. Quantifier les objectifs

Spécifique : Définissez clairement les objectifs, en précisant le montant d'argent nécessaire et le délai pour atteindre chaque objectif.

Mesurable : fixez des objectifs quantifiables pour suivre les progrès, comme économiser un montant spécifique par mois ou atteindre une certaine valeur de portefeuille.

3. Prioriser les objectifs

Classez les objectifs en fonction de leur urgence et de leur importance pour allouer efficacement les ressources.

4. Établir des jalons

Objectifs de répartition : divisez les objectifs plus importants en étapes plus petites et gérables pour suivre les progrès plus fréquemment.

Calendrier : fixez des délais pour atteindre chaque étape afin de maintenir la concentration et la responsabilité.

RÉVISER ET AJUSTER VOTRE PLAN

L'examen et l'ajustement réguliers de votre plan d'investissement garantissent qu'il reste pertinent et aligné sur l'évolution de votre situation financière, des conditions du marché et de vos objectifs d'investissement.

1. Fréquence des examens

Examen annuel : effectuez chaque année un examen complet de votre plan d'investissement pour évaluer les progrès vers les objectifs et ajuster les stratégies si nécessaire.

Événements déclencheurs : Revoyez votre plan à la suite d'événements importants de la vie (ex. : mariage, naissance d'un enfant, changement de carrière) ou de changements sur les marchés financiers.

2. Évaluer les performances

Atteinte des objectifs : mesurez les progrès vers chaque étape et évaluez si les objectifs sont atteints dans les délais prévus.

Performance des investissements : évaluez la performance de vos investissements par rapport aux indices de référence et ajustez les allocations si nécessaire pour optimiser les rendements ou gérer les risques.

3. Ajustement des stratégies

Conditions du marché : tenez compte des tendances économiques, des taux d'intérêt et des facteurs géopolitiques ayant un impact sur les performances des investissements.

Tolérance au risque : réévaluez votre tolérance au risque au fil du temps et ajustez la répartition des actifs en conséquence pour maintenir un portefeuille équilibré.

4. Consultation avec un conseiller financier

Conseils professionnels : demandez conseil à un conseiller financier ou à un professionnel de l'investissement pour examiner votre plan, fournir des informations objectives et recommander des ajustements en fonction de vos objectifs et de votre profil de risque.

Mise en œuvre de votre plan d'investissement à long terme

1. Répartition des actifs

Diversification : répartissez les investissements entre différentes classes d'actifs (actions, obligations, immobilier, etc.) pour répartir les risques et optimiser les rendements.

Gestion des risques : équilibrez les investissements à risque plus élevé avec des options plus prudentes en fonction de votre tolérance au risque et de votre horizon d'investissement.

2. Véhicules d'investissement

Fonds communs de placement et FNB : choisissez des fonds adaptés à vos objectifs et à votre profil de risque, en tenant compte de facteurs tels que les ratios de dépenses, les performances historiques et l'expertise du gestionnaire de fonds.

Actions et obligations individuelles : sélectionnez des titres individuels en fonction de l'analyse fondamentale, des études de marché et des objectifs de diversification.

3. Stratégies fiscalement efficaces

Utilisez les comptes de retraite (par exemple, IRA, 401(k)) et d'autres véhicules d'investissement fiscalement avantageux pour minimiser les obligations fiscales et maximiser l'épargne.

4. Suivi des progrès

Surveillez régulièrement les performances du portefeuille à l'aide de relevés de placement, de plateformes en ligne ou d'applications financières pour garantir l'alignement avec vos objectifs à long terme.

L'élaboration d'un plan d'investissement à long terme nécessite un examen attentif des objectifs financiers, des étapes et des stratégies pour les atteindre. En fixant des jalons clairs, en évaluant régulièrement les progrès et en ajustant votre plan en fonction de l'évolution des circonstances et des conditions du marché, vous pouvez constituer un portefeuille d'investissement résilient qui soutient vos objectifs financiers au fil du temps. Qu'il s'agisse de planifier votre retraite, de financer vos études ou d'atteindre d'autres jalons financiers, une approche disciplinée en matière d'investissement, soutenue par une évaluation et un ajustement continus, améliore votre capacité à naviguer dans les cycles économiques et à atteindre une réussite financière à long terme. En restant informé, en maintenant un portefeuille diversifié et en recherchant des conseils professionnels en cas de besoin, vous pouvez poursuivre en toute confiance vos objectifs de placement et créer un patrimoine pour l'avenir.

16. RESTER INFORMÉ ET ÉDUQUÉ

Rester informé et formé est essentiel pour réussir à investir et naviguer dans les complexités des marchés financiers. Cette section explore des stratégies efficaces pour apprendre continuellement, accéder aux ressources et se tenir au courant des tendances du marché afin de prendre des décisions d'investissement éclairées.

RESSOURCES POUR L'APPRENTISSAGE CONTINU

L'apprentissage continu est essentiel pour élargir les connaissances, comprendre les nouvelles opportunités d'investissement et se tenir au courant des développements du secteur. Utilisez une variété de ressources pour améliorer votre expertise en investissement :

1. Livres et publications

Classiques de l'investissement : explorez des livres intemporels sur les principes d'investissement, tels que "The Intelligent Investor" de Benjamin Graham ou "A Random Walk Down Wall Street" de Burton Malkiel.

Publications financières : abonnez-vous à des magazines financiers (par exemple, Forbes, The Economist) et à des revues spécialisées pour obtenir un aperçu des tendances du marché et des analyses d'experts.

2. Cours et webinaires en ligne

Plateformes éducatives : inscrivez-vous à des cours en ligne proposés par des plateformes comme Coursera, Udemy ou Khan Academy, axés sur la finance, l'économie et les stratégies d'investissement.

Webinaires : participez à des webinaires organisés par des experts financiers, des gestionnaires d'actifs ou des organisations sectorielles pour obtenir des mises à jour et des informations en temps réel.

3. Actualités financières et sites Web

Points de presse : suivez des sites Web d'actualités financières réputés (par exemple,

Bloomberg, CNBC, Financial Times) pour obtenir les dernières nouvelles, les mises à jour du marché et des analyses approfondies.

Blogs d'investissement : lisez des blogs rédigés par des professionnels de la finance, des économistes ou des stratèges en investissement pour découvrir des perspectives diverses et des commentaires opportuns.

4. Certifications professionnelles

Planificateur financier certifié (CFP) : poursuivez des certifications professionnelles telles que CFP pour approfondir vos connaissances en planification financière, en stratégies d'investissement et en services de conseil à la clientèle.

Analyste financier agréé (CFA) : envisagez le programme CFA pour une connaissance approfondie de l'analyse des investissements, de la gestion de portefeuille et des normes éthiques.

SUIVRE LES TENDANCES DU MARCHÉ

La surveillance des tendances du marché est essentielle pour prendre des décisions d'investissement éclairées et ajuster les stratégies en réponse à l'évolution des conditions économiques et des paysages financiers :

1. Indicateurs économiques

Suivez les indicateurs économiques tels que la croissance du PIB, les taux de chômage, l'inflation et les taux d'intérêt pour évaluer la santé économique plus large et les implications potentielles en matière d'investissement.

2. Analyse sectorielle et industrielle

Performance sectorielle : analysez les tendances et les prévisions de performance pour des secteurs spécifiques (par exemple, technologie, soins de santé, énergie) afin d'identifier les opportunités émergentes ou les risques potentiels.

Rapports sectoriels : accédez aux rapports et analyses de l'industrie provenant de sociétés de recherche ou d'institutions financières pour comprendre la dynamique spécifique au secteur et les perspectives d'investissement.

3. Marchés mondiaux

2. Diversification et gestion des risques

Diversifier les investissements : répartissez les investissements sur différentes classes d'actifs (actions, obligations, ETF) pour atténuer les risques et optimiser les rendements.

Conscience du risque : comprendre les risques associés à chaque investissement et aligner la tolérance au risque sur les objectifs d'investissement.

3. Éducation et apprentissage continu

Littératie financière : donnez la priorité à l'apprentissage des marchés financiers, des principes d'investissement et des finances personnelles à travers des livres, des cours en ligne ou des ateliers.

Recherche : Effectuez des recherches approfondies sur les opportunités d'investissement, les tendances du marché et les indicateurs économiques avant de prendre des décisions d'investissement.

4. Perspective à long terme

Patience et discipline : Adopter une approche d'investissement à long terme, en privilégiant l'accumulation progressive de richesse et en évitant les décisions impulsives basées sur les fluctuations des marchés à court terme.

Définition d'objectifs : fixez-vous des objectifs financiers spécifiques, tels qu'épargner pour l'université, financer une future entreprise ou constituer un pécule de retraite.

ÉQUILIBRER L'INVESTISSEMENT AVEC L'ÉCOLE ET LA VIE

Équilibrer les investissements avec les engagements académiques et la vie personnelle nécessite des stratégies efficaces de gestion du temps et de priorisation :

1. Gestion du temps

Donner la priorité aux universitaires : allouer suffisamment de temps pour étudier, terminer les devoirs et participer à des activités parascolaires tout en maintenant les résultats scolaires.

Définir les heures d'investissement : prévoyez du temps dédié à la recherche d'investissements, au suivi des portefeuilles et à la connaissance des tendances du marché.

2. Systèmes de support

Famille et mentorat : demandez conseil aux parents, aux membres de la famille ou aux mentors qui peuvent vous donner des conseils sur les décisions financières, les stratégies d'investissement et le développement personnel.

Réseaux de pairs : rejoignez des clubs, des forums ou des groupes d'investissement avec des pairs intéressés par la finance pour partager des idées, échanger des idées et collaborer sur des opportunités d'investissement.

3. Un équilibre sain

Soins personnels : donnez la priorité au bien-être physique et mental en équilibrant les activités d'investissement avec les passe-temps, l'exercice et les interactions sociales.

Congés : prenez des pauses dans votre planification financière pour vous ressourcer et maintenir une perspective saine sur la création de richesse et vos objectifs personnels.

Créer de la richesse à l'adolescence implique de tirer parti des conseils pratiques de ses pairs, d'équilibrer les investissements avec les responsabilités académiques et la vie personnelle, et de cultiver une approche disciplinée de la gestion financière. En commençant de petits investissements diversifiés et en donnant la priorité à l'apprentissage continu, les adolescents peuvent développer des compétences financières cruciales et jeter les bases d'une réussite financière à long terme. Gérer efficacement son temps, rechercher le soutien de mentors et de réseaux de pairs et maintenir un équilibre sain entre les études, les investissements et les intérêts personnels sont essentiels pour naviguer dans les complexités de la création de richesse à un jeune âge. Avec de la détermination, de l'éducation et une planification stratégique, les adolescents peuvent entreprendre un voyage enrichissant vers l'indépendance financière et atteindre leurs objectifs tout en profitant d'une vie scolaire et personnelle épanouissante.

www.ingramcontent.com/pod-product-compliance
Lightning Source LLC
Chambersburg PA
CBHW031625210526
45464CB00004B/1752